PANÉGYRIQUE

DE

SAINT LOUIS DE BRIGNOLES

Évêque de Toulouse

PRONONCÉ PAR L'AUTEUR DE LA VIE DU MÊME SAINT

ÉDITÉE EN 1876

Conserver la couverture

« Tu gloria Jerusalem, tu honorificentia populi nostri.
« Vous êtes la gloire de l'Église et l'honneur de
« notre cité. » (Judith.)

BRIGNOLES
Imprimerie de A. VIAN, rue du Portail-Neuf, 3.
1880

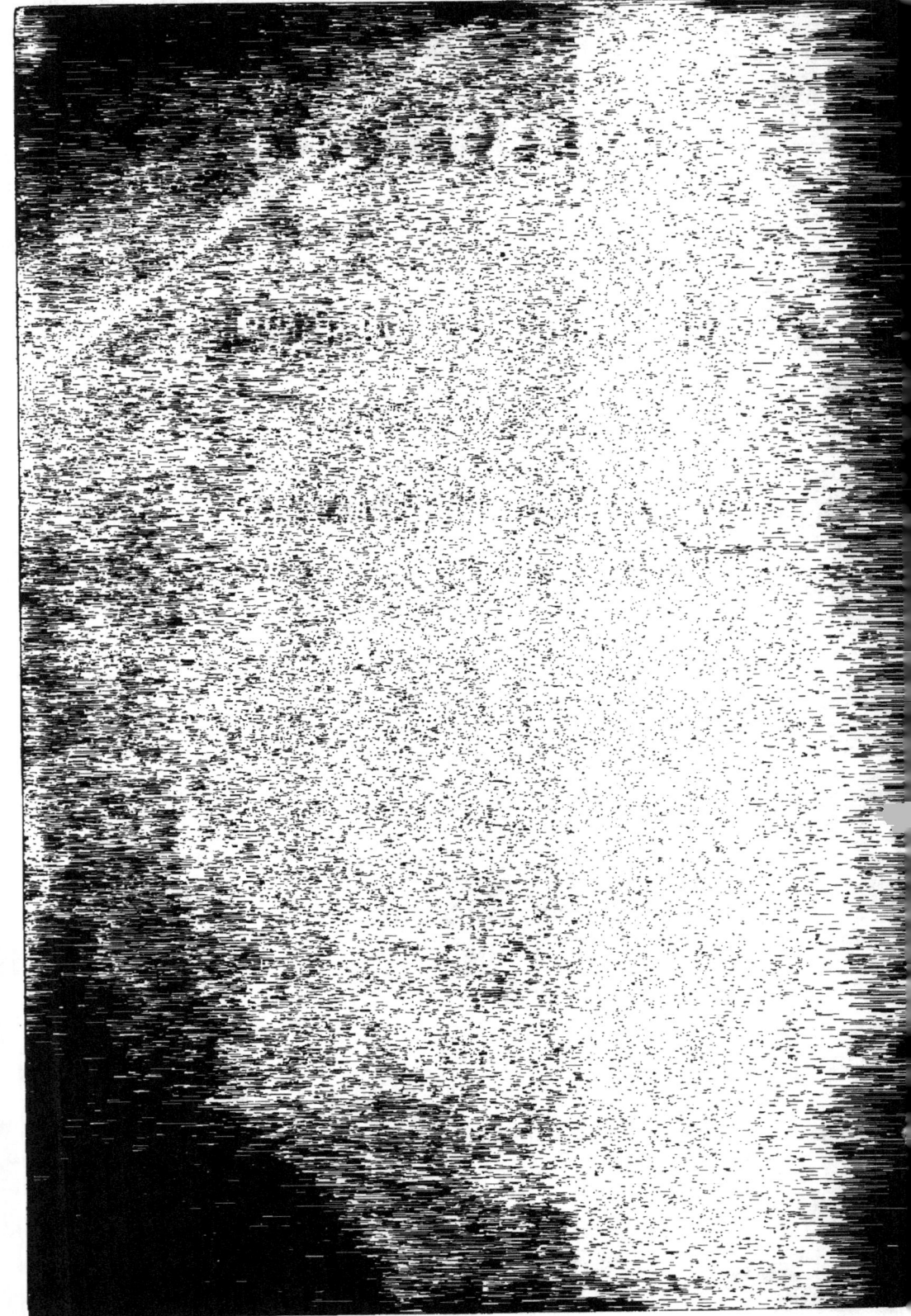

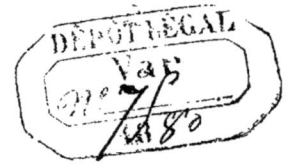

PANÉGYRIQUE

DE

SAINT LOUIS DE BRIGNOLES

ÉVÊQUE DE TOULOUSE

PANÉGYRIQUE

DE

SAINT LOUIS DE BRIGNOLES

Évêque de Toulouse

PRONONCÉ PAR L'AUTEUR DE LA VIE DU MÊME SAINT

ÉDITÉE EN 1876

> *Tu gloria Jerusalem, tu honorificentia populi nostri.*
> Vous êtes la gloire de l'Église et l'honneur de
> notre cité. » (JUDITH.)

BRIGNOLES
Imprimerie de A. VIAN, rue du Portail-Neuf, 5.
1880

PANÉGYRIQUE

DE

SAINT LOUIS DE BRIGNOLES

Évêque de Toulouse

Prononcé par l'Auteur de la Vie du même Saint

ÉDITÉE EN 1876

> *Tu gloria Jerusalem, tu honorificentia populi nostri.*
> « Vous êtes la gloire de l'Église et l'honneur de
> « notre cité. » (Judith.)

Quel magnifique triomphe et quel consolant spectacle s'offre à mes regards, mes frères, mes chers concitoyens !

Si je porte mes souvenirs à des temps où la foi brillait d'un éclat sans nuages, je reconnais toujours semblable à lui-même ce peuple de Brignoles ; j'admire avec consolation ces généreux habitants d'une cité dont la religion ne se dément pas. Dieu soit béni, chrétiens, nos aïeux revivent dans leurs descendants, et pour nous, comme pour eux, saint Louis sera la gloire de l'Église et l'honneur de notre pays. *Tu gloria Jerusalem, tu honorificentia populi nostri.*

Le monde, mes frères, met sa gloire dans des illustrations éphémères, et trop souvent dans des apparences de grandeur qui cachent de tristes réalités. Il fait consister son honneur dans un vain étalage de titres pompeux, dans une estime mensongère, dans des protestations sans sincérité, misérables hochets qui divertissent un jour, mais qui se brisent et disparaissent sans laisser autre chose, dans l'âme du mondain, que l'amertume et le dégoût.

La foi nous fait chercher une gloire plus solide, et la Religion procure des honneurs plus durables ; nous allons nous en convaincre en méditant quelques instants la vie de notre illustre et saint Patron.

Après avoir composé la vie de saint Louis, après avoir réédité mon travail, aujourd'hui, dans cette auguste solennité, résumant cette précieuse vie et son histoire, je vais essayer de vous démontrer :

1° Quelle gloire saint Louis ambitionna et parvint à acquérir;

2° Quels honneurs se sont attachés à son nom pour perpétuer sa mémoire.

O saint Louis, notre glorieux Patron, et notre puissant protecteur, faites-nous goûter les salutaires enseignements de votre vie, et obtenez-nous la grâce de les mettre en pratique.

Première Partie

Pour un chrétien, mes frères, quelle ambition plus noble, quelle aspiration plus sublime et tout à la fois plus légitime que celle de retracer dans sa vie la vie même du Fils de Dieu fait Homme, de ce Christ dont il porte, du reste, le nom, *Christianus alter Christus !* Or, la vie du Sauveur, parmi les hommes, se résume en ces trois mots : Humilité, souffrance, amour, doctrine inconnue des hommes jusqu'à lui et qu'il leur enseigne dans ces termes : *Abnega temetipsum, tolle crucem, et sequere me;* renonce-toi toi-même, porte ta croix, et viens à ma suite. Cet enseignement, Jésus le donne au monde dans ses prédications publiques, et l'exprime dans sa vie de chaque jour, il le proclame solennellement du haut de la croix. Que dis-je, il le lègue au monde dans ce testament incomparable de son Eucharistie. *Testamentum est in meo sanguine;* car, en cet auguste mystère, il s'humilie jusqu'à obéir à son ministre, fût-il prévaricateur; il porte la croix mille fois plus lourde que celle du calvaire, celle des ingratitudes humaines; enfin, il vient à nous et nous étreint dans l'ineffable union du sacrement de l'amour, en attendant l'union béatifique.

Que fut donc, mes frères, saint Louis, notre cher patron? Sa vie fut courte, puisqu'elle dura moins de vingt-quatre années; il fut l'imitateur fidèle du divin Crucifié, et par cette mortification, il sut se conserver pur comme un ange du ciel; il vécut uni à Dieu par l'amour qu'il puisait dans la divine Eucharistie, et uni aux hommes, ses frères, par la charité, fruit de l'amour de Dieu. De la sorte, il acquit une gloire mille fois plus précieuse que les vains prestiges dont les mondains s'entourent. Au lieu des vanités de la terre, il ambitionna Dieu seul; au lieu de la duplicité, de la ruse ou du mensonge qui sont les moyens dont le monde se sert pour accomplir ses œuvres, il ne connut que l'humilité, la pureté et l'amour; enfin, non seulement il chercha Dieu par Dieu, mais il chercha Dieu pour Dieu, ce qui est le comble de la perfection, et c'est pourquoi il trouva Dieu, principe, moyen et fin de la véritable gloire éternelle des cieux; c'est pourquoi encore la sainte Église exalte cet illustre Saint, légitimement fière de ses vertus et glorieuse de sa propre gloire, qui n'est autre que la gloire même de Dieu.

Quelques mots, mes frères, pour l'édification de vos âmes sur les vertus admirables de Louis; vertus dont la pratique doit vous conduire à la véritable gloire.

J'ai dit d'abord que notre Saint fut profondément humble; vous connaissez son illustre origine: il était fils de Charles II, roi de Sicile, et de Marie de Hongrie; par son père, il était petit-fils de saint Louis, roi de France, dont nous célèbrerons bientôt la mémoire, et par sa mère, il l'était de sainte Élisabeth, duchesse de Thuringe. Il naquit et mourut dans cette ville de Brignoles; et c'est pour cette raison, que nous l'honorons comme notre protecteur.

Une semblable naissance, une descendance aussi illustre étaient incontestablement de nature à donner à saint Louis de Brignoles une estime de lui-même, à laquelle peu d'hommes seraient indifférents, et peut-être aussi à faire naître et à développer en lui des désirs de grandeur, de domination et de gloire humaine, dont les plus modestes par la condition, les talents et la naissance, sont, de nos jours, si fortement épris.

Louis jette ailleurs que sur la terre son regard illuminé de la foi ; il contemple dans les cieux un trône et une couronne plus dignes de son noble cœur que tous les trônes et toutes les couronnes de ce misérable monde, et il songe à conquérir le royaume qu'il vient échanger contre celui de ses pères.

Que va-t-il faire ?

Le Dieu du ciel a dit que pour entrer en possession du royaume convoité par Louis, il faut se livrer à soi-même une lutte acharnée : *Regnum cœlorum vim patitur*.

Une erreur profonde, mes frères, est de penser que les saints n'ont pas connu les luttes intimes qui désolent notre faiblesse, et si souvent nous découragent dans la voie du salut ; comme nous, fils d'Adam, ils ont été, à l'exception de la très-pure et immaculée vierge Marie, en butte à toutes les convoitises et concupiscences dont le foyer fut allumé en nous, à la suite du péché de notre premier père ; pour eux donc, comme pour nous, le combat a été et sera jusqu'à la fin des temps la condition indispensable de la victoire, et la parole divine s'appliquera à tout homme vivant en ce monde : *Regnum cœlorum vim patitur*.

Louis donc pour n'être point vaincu mit sa vertu à l'abri de tous les dangers, plaça son innocence derrière un mur de défense. Entouré de courtisans et de flatteurs, il comprit tout ce qu'a de vain la société des cours, il vit que tout cet appareil de flatteries et de mensonges ne pouvait que tromper son intelligence et amollir son cœur, et il aspira intérieurement vers une vie plus en rapport avec les modèles qu'il avait appris à connaître en méditant la vie des saints. Il conçut une horreur profonde pour les pompes du siècle dont l'éclat nourrissait le superbe, et il souhaita d'échanger la pompe et l'or dont resplendissaient ses vêtements contre les humbles livrées des pauvres, et en particulier, des Religieux Franciscains dont quelques-uns avaient été placés à côté de lui pour le former à la vertu. Agé de seize ans environ, prisonnier dans une forteresse, il est atteint d'une maladie mortelle ; alors, plein de confiance en la Très-Sainte-Vierge et en saint François-d'Assises, il fait en leur honneur, le vœu de se consacrer au service de Dieu dans l'ordre des Frères Mineurs, s'il revient à la santé.

Que pouvait-il désirer de plus pour obéir à l'invitation du Maître et courir à la conquête des cieux, que ce renoncement total et absolu à un avenir incomparable de richesses, de gloire et d'honneur selon le monde.

Dieu, toutefois, bénit le vœu de son généreux serviteur, fait en des circonstances qui sont rapportées dans mon travail sur saint Louis, et dont il serait trop long de vous entretenir ici. Louis commence son sacrifice ; il s'immole, s'anéantit et disparaît aux regards des mondains ; il reçoit à Barcelone la tonsure en 1294, et l'année suivante, les ordres sacrés.

Le pape, Boniface VIII, connaissait le mérite du jeune prince; il savait que, malgré sa jeunesse, il avait une vertu consommée et une science non moins grande que sa vertu. Il le crée évêque de Toulouse en 1295; mais l'illustre saint refuse absolument cette dignité; le souverain Pontife insiste, nouveau refus; et l'autorité du vicaire de J.-C. ne parvient à triompher des résistances de Louis qu'en consentant à ce qu'il lui soit permis d'abord de faire profession de la règle de saint François-d'Assises, conformément au vœu qu'il avait fait quelques années auparavant.

Sur cette assise de l'humilité séraphique, l'aimable Saint élève l'édifice de la plus sublime perfection ; il étonne le monde par des renoncements et des actes d'abnégation qui firent de lui un prodige dans la sainte Église, à tel point, dit Surius, son historien, que la vertu d'humilité éclipsa les dons précieux dont le ciel l'avait orné, et qu'il brilla, par elle, comme l'émeraude enchassée dans l'or le plus pur. C'était la réalisation de la parole du Maître : *Qui se humiliat exaltabitur.*

Louis se renonce dans l'humilité, il se consacre au Seigneur dans la vie humble et cachée des Frères Mineurs ; mais avant, comme après cette carrière sublime, l'athlète du Seigneur avait exercé son âme aux luttes et aux sacrifices.

Dès son plus jeune âge, il renonça volontairement à toutes les délicatesses de la vie des princes dont il avait remarqué, disions-nous tantôt, l'effet désastreux sur ceux qui s'y abandonnent. Il couche sur la dure, macère son corps par les exercices d'une pénitence relativement rigoureuse pour son âge aussi tendre, se mortifie dans ses repas, va jusqu'à s'imposer des jeûnes sévères, et dans ses relations avec ses frères et ses amis, il ne supporte ni conversation, ni procédés capables de causer le moindre trouble aux âmes candides. Les historiens rapportent que durant sa captivité à Barcelone, il condamnait à prendre leur repas à une table dite d'ignominie, ceux de son entourage qui se permettaient la moindre parole licencieuse.

Toutefois, la mortification de Louis, son amour pour la pénitence et pour la croix ne se montrèrent jamais plus grands que durant sa captivité; c'était au lendemain des Vêpres Siciliennes, Charles Ier était dépossédé de son trône, et son fils, Charles II avait entrepris de le reconquérir; entraîné par une ardeur téméraire, il engage un combat et tombe entre les mains de ses ennemis. Ceux-ci consentent à lui rendre la liberté, mais à la condition qu'il laissera en ôtages trois de ses fils et 50 gentilshommes de Provence. Les trois fils de Charles qui devaient supporter cette épreuve, étaient Louis, Robert et Raymond.

Louis n'avait que quatorze ans à cette époque; pendant sept années il subit avec bonheur toutes les humiliations qu'on se plût à lui imposer, pensant, sans doute, au roi, son père, qu'il avait rendu à ses sujets; mais pensant surtout à Jésus, son divin Maître, dont il imitait avec bonheur les opprobres et les souffrances.

Qui pourra jamais dire à quel point cette âme héroïque développa en elle la vertu des anges par ce moyen puissant de la mortification et des épreuves? Il savait que nos sens sont nos ennemis les plus redoutables, aussi tenait-il ses yeux en particulier sous une garde vigilante, et jamais il ne consentit à regarder aucune personne d'un sexe différent.

Blanche, sa seconde sœur, le vint visiter dans sa prison avant de contracter mariage; la princesse aurait souhaité que son frère bien-aimé lui accordât au moins un regard; mais il ne le voulut point. Il lui répondit, au rapport de son historien, que jamais elle ne lui eût exprimé ce désir, si elle eût connu les dispositions de son âme à cet égard.

Un jour, dans sa prière, quelques courtisans viennent lui proposer une partie de plaisir, contraire à sa délicatesse de conscience; éloignez-vous, leur dit-il, jamais je ne consentirai à acheter un plaisir d'un moment, au prix de mon éternité. Et, en effet, jusqu'à la mort, il se refusa toute satisfaction qu'il pouvait regarder comme une concession faite aux ennemis qu'il avait le plus à cœur de combattre et de vaincre, je veux dire: ses sens; de telle sorte qu'il mérita cette pureté de cœur, cette innocence sans la moindre souillure que le Sauveur a proclamé bienheureuse, parce qu'elle met en possession de la gloire des cieux : *Beati mundo corde, quoniam ipsi Deum videbunt. Abnega temetipsum, tolle crucem tuam et sequere me.* Louis s'est renoncé lui-même par son humilité admirable qui lui fit échanger un trône royal contre la bure et la vie des pauvres séraphiques. Il s'est mortifié; et par sa mortification, il a mérité l'auréole d'une pureté virginale ; ce n'est pas tout, il s'est uni à Dieu, et il a vécu la vie de Dieu qui est une vie d'amour et de charité.

Voyez-le dans ses premières années, le cœur transporté d'amour pour Dieu, il interrompt les fêtes et les jeux de son âge pour aller se prosterner au pied d'un autel, ou pour réciter quelques prières. Lorsqu'il eut reçu, pour la première fois, le Dieu du ciel, il n'eut plus d'autre désir que de renouveler cette union qui faisait son bonheur, et chaque jour, il assistait au saint sacrifice de la messe après avoir confessé ses fautes et s'être mis en état de paraître devant le Dieu de l'eucharistie, s'il ne devait pas avoir la consolation de le recevoir.

Cet amour de Dieu ne fit que s'accroître pendant la vie du Saint, et surtout, à partir du moment où renonçant à toutes les espérances que lui donnait son illustre origine, il se consacra au Seigneur, estimant tout comme le néant, à l'exception d'aimer Dieu et de le servir.

Vis-à-vis du prochain, Dieu avait mis dans l'âme de son serviteur une tendresse qui, dès le plus bas âge, s'exprima par des actes héroïques et fut récompensé par des prodiges.

Un jour, comme sainte Élisabeth de Hongrie dont il était le neveu, il portait à des pauvres quelque nourriture; son père le rencontre. Que portez-vous ainsi, lui demande-t-il? L'enfant, car il n'avait alors qu'une dizaine d'années, découvre ce qu'il portait, c'était dans ses mains un bouquet de fleurs merveilleuses et d'un parfum des plus odoriférants; le roi s'éloigne, et les fleurs miraculeuses redeviennent les provisions que le jeune Saint portait à ses chers pauvres.

Les lépreux en particulier étaient aimés de lui, et il les soignait avec prédilection; souvent, après avoir pansé leurs plaies et les avoir baisées avec vénération et avec amour, il les guérissait.

Quelles luttes cette nature tendre et délicate ne dût-elle pas s'imposer pour accomplir de pareilles œuvres! Ah! il voulait conquérir le ciel! mais le ciel, avant de se rendre, demande des combats généreux et persévérants : *Regnum cœlorum vim patitur.*

Que sommes-nous, mes frères, à côté des saints? Je sais qu'avec une indifférence qu'explique uniquement le manque de foi, on répond volontiers qu'il n'est pas donné à tous d'accomplir des merveilles et d'opérer des prodiges. Et cependant le Seigneur n'a-t-il pas dit à tous : Renoncez-vous vous-même, portez votre croix et suivez-moi.

Le renoncement, nous n'en voulons point, il faut nous produire, nous faire connaître, étaler pompeusement une apparence de qualités qui, considérées à fond et pesées au poids du sanctuaire, sont vides de tous mérites, et sont plutôt des vices que des vertus. Porter sa croix! mais c'est un scandale; il faut jouir et donner à la nature corrompue par le péché, tout ce qu'elle réclame de satisfaction. On prétend gagner le ciel! Que de chrétiens qui se refusent à accepter simplement les épreuves inhérentes à leur condition ici-bas. Suivre Jésus! mais on en aurait honte dans le siècle où nous vivons; vivre de la vie de J.-C., vivre d'amour pour Dieu et pour ses semblables, ce n'est pas possible; on n'aime pas Dieu, on s'éloigne de lui, on vit sans lui pour vivre de la vie de la chair et des sens. Aussi est-il à craindre, chrétiens, que le terme de la vie d'un grand nombre ne soit pas la possession du ciel. Puisqu'ils n'auront connu ni luttes, ni victoires, ils n'auront après la vie présente, que la confusion éternelle, au lieu de l'éternelle gloire promise à ceux qui, jusqu'au terme et vaillamment auront légitimement combattu.

Seconde Partie

Saint Louis a conquis la gloire du ciel et il a été la gloire de l'Église, c'est pourquoi la sainte Église lui a conféré des honneurs impérissables dont l'éclat resplendit tout particulièrement sur ces chères cités de Brignoles et de Toulouse.

Les saints, mes frères, s'efforcent de fuir les honneurs de la terre, et c'est pourquoi ils s'exercent aux pratiques de la sainte humilité; toutefois, parce que le Seigneur dit que celui qui s'humilie sera exalté, il s'ensuit que si les honneurs terrestres sont de la sorte évités par les saints, ils acquièrent en échange les honneurs que Dieu se plaît à accorder à ceux qui le servent; ils ont suivi le Sauveur, leur maître et leur modèle dans le chemin du prétoire et du calvaire; comme lui et avec lui, ils sont immolés sur la montagne du sacrifice; mais au lendemain de tant d'opprobres et de souffrances, après l'agonie et la mort, se lève le soleil de la résurrection, et le juste glorifié avec son Rédempteur répand sur le monde un éclat et une splendeur que les hommes les plus prévenus sont obligés de reconnaître pour être l'objet d'une intervention divine, et cet homme hier avec son maître humilié, pauvre, méprisé, devient l'objet de la vénération publique.

On cherche les actes inconnus jusqu'alors de cette vie merveilleuse, on les proclame avec bonheur, la sainte Église propose à ses enfants un nouvel imitateur à suivre, et, dans la suite des âges, on répète avec enthousiasme le nom du nouvel élu du Seigneur, et les peuples s'honorent de lui donner le titre de protecteur.

Ainsi en fut-il pour saint Louis de Brignoles.

Le Seigneur lui-même se chargea d'honorer son serviteur par plusieurs merveilles qui se produisirent au moment de ses funérailles. C'était dans cette chère cité, au palais de son père, que sa sainteté brilla. A peine, en effet, avait-il rendu le dernier soupir, qu'un religieux le vit monter au ciel, en compagnie de plusieurs esprits bienheureux, et de ses lèvres s'échappa une rose, merveilleux symbole de sa pureté et de sa charité. Le Saint aurait voulu que ses dépouilles mortelles fussent déposées dans la chapelle des Cordeliers de Marseille. Pendant qu'on transportait de Brignoles ses précieuses reliques, la foule aperçut des rayons lumineux qui, descendus du ciel, couronnaient de toutes parts ses restes vénérés. Lorsque le cortége fut arrivé hors de la ville, là où allait être déposé le corps du Saint, cette lumière céleste alla se reposer sur les cierges que chacun tenait à la main et les ralluma. Une infinité de prodiges s'opérèrent dans ce moment.

Le nombre des miracles opérés par l'intercession de saint Louis est incalculable ; éloquent pendant sa vie par ses paroles et ses exemples, il le fut encore davantage après sa mort. Et les souverains pontifes émus de tant de merveilles, firent à ce sujet des enquêtes juridiques. Jean XXII, qui avait été prévôt de Barjols, évêque de Fréjus et puis d'Avignon, sous le nom de Jacques d'Ossa, qui avait été précepteur du Saint, qui par là-même avait vécu dans son intimité, qui fut le témoin d'une multitude de faits prodigieux accomplis par Louis, l'humble parfait, le lys de la pureté, la rose de la divine charité, Jean XXII, dis-je, s'exprime en ces termes dans sa bulle de canonisation : « Le soleil qui s'est levé sur le monde dans
« les hauteurs des cieux, le Fils de Dieu, qui est Dieu lui-
« même, veut en ces derniers temps, se produire un admirable
« chef-d'œuvre, plein de l'éclat de sa gloire, en manifestant
« magnifiquement sa bonté. Celui qui opéra de grandes merveil-
« les, vient de montrer à la terre le bienheureux Louis, son illus-
« tre et bien-aimé confesseur, éblouissant de pureté, enflammé
« d'une charité brûlante, et choisi entre mille comme un bril-
« lant modèle proposé à l'imitation de tous les fidèles. Que les
« heureux royaumes de France, de Sicile et de Hongrie, qui
« ont produit de leur sein ce lys éblouissant, mêlent aux cé-
« lestes concerts leurs chants d'allégresse. »

Et c'est, mes chers frères, ce qui n'a cessé d'avoir lieu depuis bientôt six siècles. Louis de Brignoles a été l'objet d'un culte qui redit aux générations ses vertus. Et ces générations ont proclamé sa gloire. Cet homme qui avait voulu être le plus petit et le plus ignoré de tous, à l'exemple de N.-S. J.-C. son Dieu, et de saint François, son séraphique père, cet homme admirable est devenu l'un des saints les plus vénérés de notre Provence.

Il a procuré la gloire de Dieu par ses vertus admirables; la sainte Église l'a exalté par un culte solennel dès les premières années qui ont suivi sa mort; ce culte nous l'avons pratiqué et le pratiquons avec honneur, chers concitoyens, car c'est parmi nous que Louis a pris naissance, et c'est au milieu de nous qu'il a exhalé sa sainte âme, enrichie des plus sublimes vertus.

Honneur donc à toi, ville de Brignoles, en ce jour de bénédiction où, rappelant la foi antique, tu renouvelles les splendeurs dont tu as environné, de temps immémorial, le souvenir de ton illustre enfant. Mais surtout, honneur à toi, si sur la terre tes fils poursuivent la gloire qui fut le mobile de la vie tout entière de leur saint Patron, je veux dire non pas la gloire humaine qui s'évanouit et passe comme la fleur des champs, mais la gloire de Dieu qui immortalise ceux qui le conquièrent. Un jour ils resplendiront d'un honneur qui durera éternellement. C'est ce que je vous souhaite. (Ainsi soit-il.)

Brignoles. — Typographie de A. VIAN, rue du Portail-Neuf, n° 3.

35

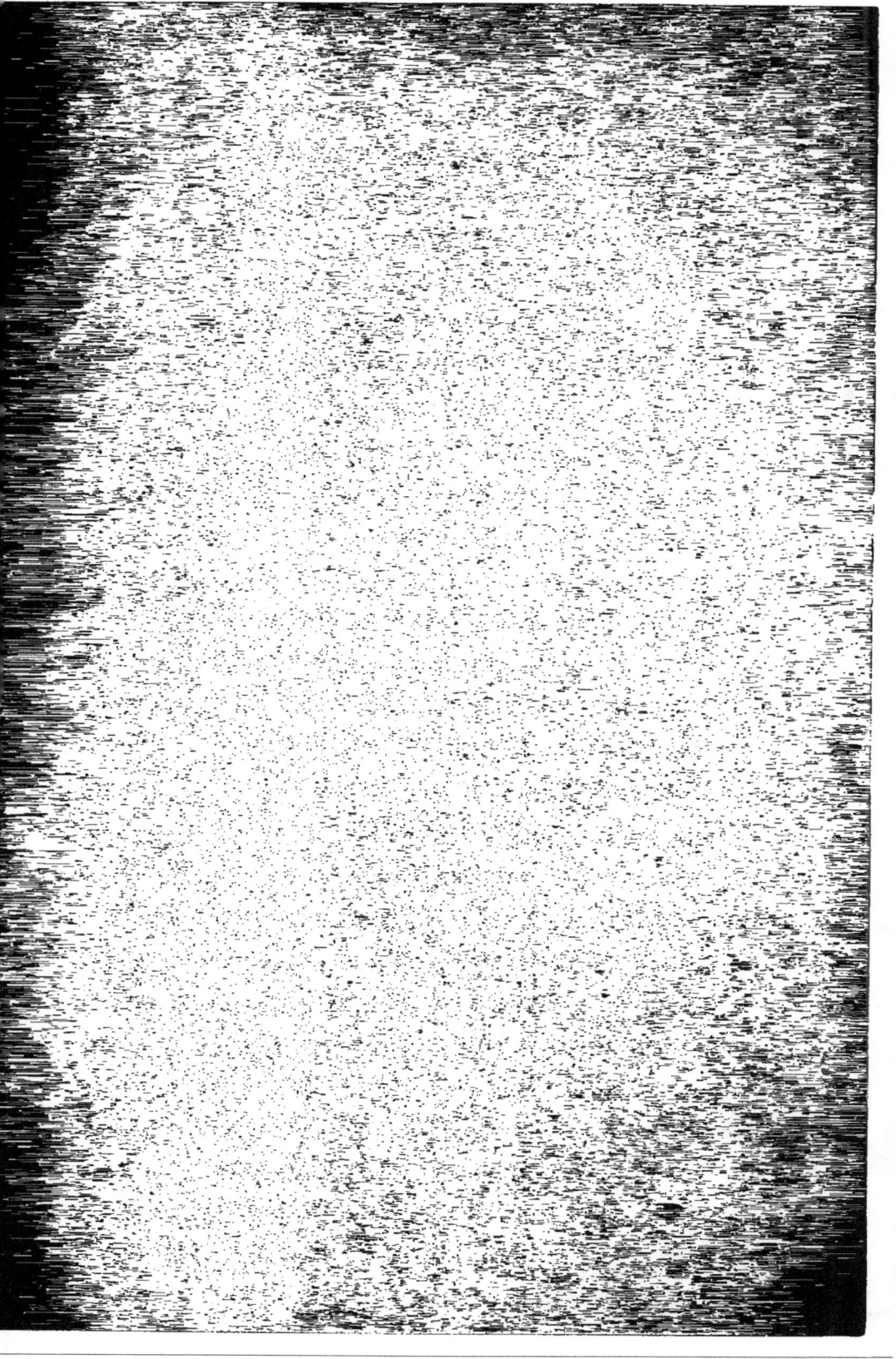

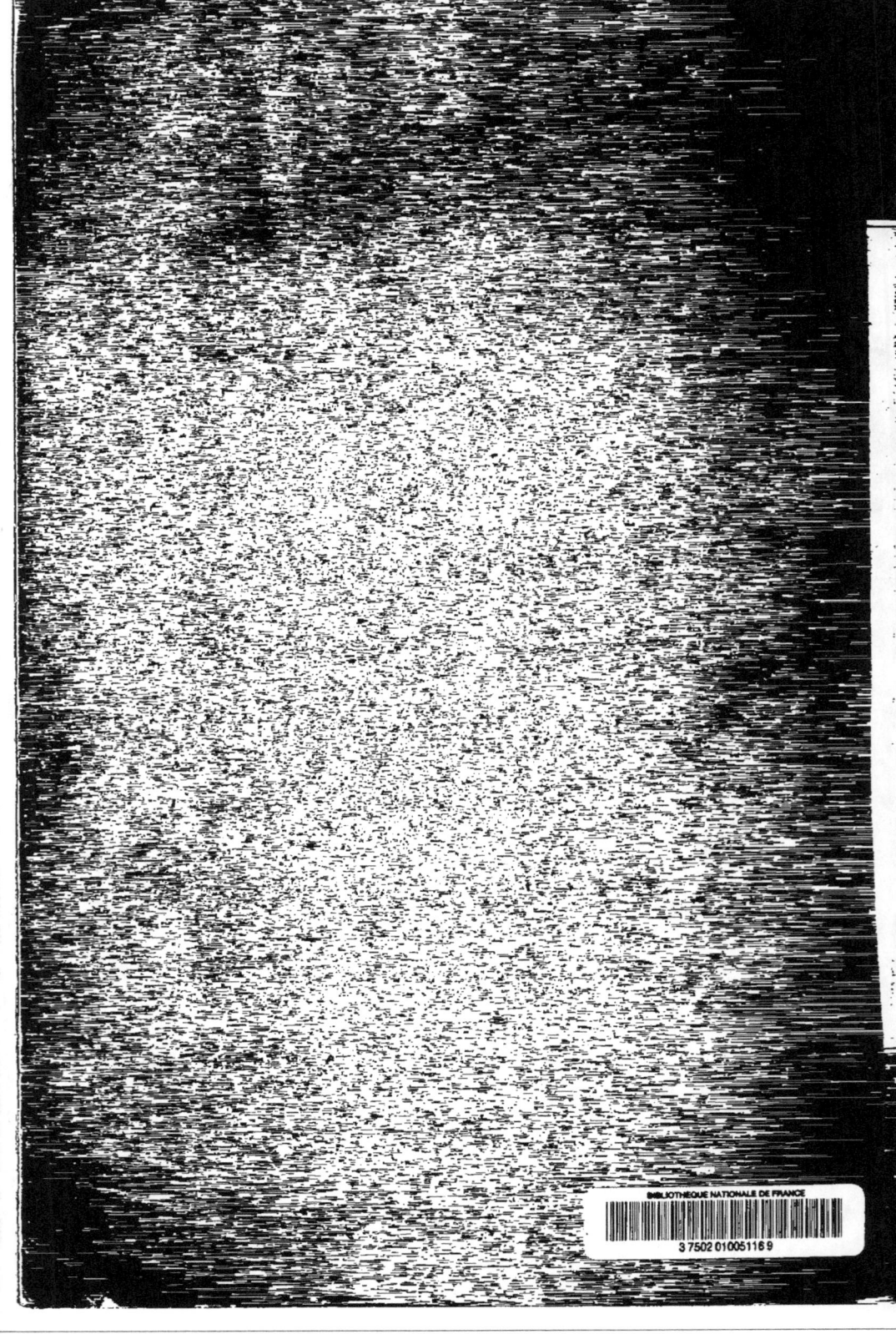

www.ingramcontent.com/pod-product-compliance
Lightning Source LLC
Chambersburg PA
CBHW060927050426
42453CB00010B/1878